Anonymous

Der Zollverein Deutschlands und die Krise,

mit welcher er bedroht ist

Anonymous

Der Zollverein Deutschlands und die Krise,
mit welcher er bedroht ist

ISBN/EAN: 9783743371859

Hergestellt in Europa, USA, Kanada, Australien, Japan

Cover: Foto ©ninafisch / pixelio.de

Manufactured and distributed by brebook publishing software
(www.brebook.com)

Anonymous

Der Zollverein Deutschlands und die Krise,

Der

Zollverein Deutschlands

und

die Krisis,

mit

welcher er bedroht ist.

Erstes Heft.

Braunschweig,
Druck und Verlag von Friedrich Vieweg und Sohn.
1862.

Die Staaten des Zollvereins errichteten ihre Vereinigung auf der allgemeinen Grundlage, daß die Zoll-Einkünfte nach dem Maßstabe der Bevölkerung unter sie vertheilt werden sollen, nachdem die gemeinschaftlichen Kosten der Grenzverwaltung zuvor von der Brutto-Einnahme abgesetzt sind: jedoch sind zwei Ausnahmen von diesem Principe statuirt, indem der freien Stadt Frankfurt und den Staaten von Hannover und Oldenburg Vorzugs-Antheile gewährt wurden.

Das Princip beruht auf der Annahme, daß die Eingangszölle und die Rübensteuer auf dem Verbrauche der Bevölkerung an steuerpflichtigen Gegenständen ruhen und daß der Verbrauch für jeden Kopf der Bevölkerung in allen Theilen des Vereins durchschnittlich gleich sei.

Bei der Aufnahme Frankfurts in den Verein mußte anerkannt werden, daß die Voraussetzung einer solchen Gleichheit hier nicht zutreffe. Die Verschiedenheit der Lebensverhältnisse einer kleinen, reichen Bevölkerung, zusammengedrängt auf einem für den Handel äußerst günstig belegenen Punkte, von denjenigen der Gesammteinwohnerschaft des weiten Vereinsgebiets lag auf der Hand; aber ein rationeller Maßstab für die Theilung mit Frankfurt war nicht zu finden. Man bemühte sich zwar, Berechnungen darüber aufzustellen, nahm dieselben sogar formell zur Grundlage des nachherigen Abkommens: jedoch geht der innere Werth dieser Berechnungen nicht über die Aufstellung eines Beispiels — wie sich die Sache etwa verhalten könne — hinaus und die Abmessung des Frankfurter Prä=

cipuums beruht in der That nur auf einem willkürlich gegriffenen Satze, auf welchem man eine Vereinbarung factisch zu Stande zu bringen vermochte. — Die Summe des Frankfurter Vorzugs-Antheils machte so geringe Procente vom Ganzen aus, daß das Interesse an einer genauen rationellern Ermittelung, welche ohnehin unthunlich ist, gegen die übrigen Vortheile der Vereinigung mit Frankfurt verschwand.

Anders waren die Umstände, welche die Gewährung eines Vorzugs-Antheils an Hannover und Oldenburg motivirten. Diese Länder boten a priori keinen Anhalt für die Voraussetzung einer besonders starken Consumtion werthvoller Waaren.

Verhältnißmäßig wenige, besonders wenig größere Städte, unter ihnen keine große Handelsstadt; der überwiegend zahlreichere Theil der Bevölkerung mit dem Ackerbau, ein Paar kleine Bruchtheile mit Bergbau und Schifffahrt beschäftigt; eine äußerst beschränkte Fabrik-Industrie — dies waren die Elemente, aus denen sich im Jahre 1834 der Steuerverein bildete, in dessen Bereich zu der Zeit Braunschweig der volkreichste und der einzige Ort war, welcher den Namen einer Handelsstadt führte. Wenn Braunschweig später aus dem Steuerverein schied und der Handel der Stadt Hannover (zunächst vielleicht dadurch) gewann, ihre allgemeine Bedeutung aber in Folge der Residenznahme des Königs stieg, so blieb doch der Charakter des ganzen Gebiets in jenen Beziehungen unverändert, sein Boden mit Ausnahme der beschränkten Marschgegenden und etwa des Hildesheimischen arm. Es konnte nicht eine allgemein stärkere Consumtion, wohl aber vermuthet werden, daß die beiden Länder, welche wenig Industrie-Erzeugnisse, u. A. auch nicht ihren vollen Eisenbedarf producirten, einen verhältnißmäßig stärkern Bedarf an in ihrem Gebiet nicht erzeugten Waaren, mithin eine größere Einfuhr zollpflichtiger Gegenstände über ihre gemeinschaftlichen Grenzen gehabt hatten, als die älter im Zollvereine befindlichen Länder. Diese Annahme fand auch eine kräftige Stütze in dem factischen Rohertrage der Eingangs-Abgaben im Steuervereine, welcher bei einem viel niedrigern Tarif denjenigen im Zollverein pro Kopf der

Bevölkerung übertraf. Nur durfte dabei nicht übersehen werden, daß der Steuerverein noch durch die Zollgrenze vom Zollverein getrennt, auch die aus diesem eingeführten Industrie-Erzeugnisse der Eingangs-Abgabe unterwarf und daß die Bevölkerung seines Gebiets nach der Vereinigung ihren Vortheil darin finden müßte und würde, viele zollpflichtige Gegenstände, welche sie zuvor unter Erlegung der Eingangs-Abgabe aus andern Ländern bezog, nunmehr aus den übrigen Vereinsländern zu entnehmen, von wo aus dieselben für sie nicht mehr mit Zöllen belastet sind.

Weniger wohl daß dieses »Nur« wirklich übersehen sei, als der einmal verbreitete Ruf von einer großen Consumtionsfähigkeit des Steuervereins, namentlich der Bevölkerung in den Marschen, an Colonialwaaren und Spirituosen ließ bei der Aufnahme Hannover-Oldenburgs in den Zollverein die Bedenken gegen einen Vorzugs-Antheil für dieselben verstummen. Man hielt im Allgemeinen dafür, daß eine Gewährung in den Umständen billig begründet sei und untersuchte den sonstigen erwünschten Seiten der Vereinigung gegenüber weniger genau, inwiefern das Maß ($^3/_4$ des nach ihrer Bevölkerung in gerader Theilung auf sie fallenden Brutto-Ertrages an allem Zoll- und Rübensteuer-Einkommen) ein übertriebenes sei.

Wenn der Zollverein mittelst der Aufnahme des Steuervereins in seinen Schooß eine sehr zerrissene, deshalb in der Verwaltung äußerst kostbare, für den Verkehr äußerst lästige Landgrenze gegen die Nordsee-Küste vertauschen konnte, so lag ein Geldopfer von einigen Hunderttausenden, auf zwölf Jahre gewährt, gewiß im richtig verstandenen Interesse des ganzen Vereins; wenn man aber den einen Ausnahmefall Frankfurts — mit welchem doch kein anderer aus Gründen der Consumtions-Verhältnisse in Parallele gestellt werden konnte — mit einem zweiten zu vermehren im Begriff stand, so hätte es nahe gelegen, sich auch des Umstandes zu erinnern, daß eine erhebliche Minder-Consumtion an zollpflichtigen Gegenständen in Bayern, Württemberg und Nassau stattfand und mittelst der Zollerhebungen während der abgelaufenen Vertrags-Periode ungleich evidenter nachgewiesen war, als die Mehr-Consumtion des noch außer dem Verein stehenden Hannover=Oldenburgs. Warum — wenn man sich einmal entschloß, das Grundprincip der gleichen Theilung nach der Kopfzahl dergestalt zu durchlöchern — muthete man jenen Staaten des Südens nicht eine Kürzung ihrer Theilnahme an den gemeinschaftlichen Einkünften zu? Die gemeine Billigkeit des Mein und Dein schien eine solche Forderung bei Erneuerung des Zollvertrags doch zu dictiren und die entgegenstehende Besorgniß, daß der Verein in Folge eines solchen Verlangens auf jener Seite 6 Millionen Einwohner verlieren könne, lag entfernter und fiel ungleich weniger ins Gewicht, als die Gewißheit, daß es dem Vereine nicht gelingen werde, die Nordsee zu erreichen, wenn man sich nicht entschlösse, die hannoverschen Forderungen zu befriedigen. — Es ist nicht ein und dasselbe, das lang gewohnte Band des freien Verkehrs mit einem großen Ländergebiete darum zu zerreißen, weil es die ohne innern Grund bis dahin zugestandenen finanziellen Vortheile nicht länger anbietet, für ein vier Mal kleineres Hinterland — oder den freien Verkehr mit dem großen Hinterlandes=Gebiete ohne Finanzgewinn zu verschmähen für ein kleineres Küstenland, welchem die Vortheile jenes Verkehrs noch unbekannt waren und welches sich vielmehr in der gewohnten Isolirung mit Grund oder Ungrund gefiel.

Wir haben uns indessen nicht die Aufgabe gestellt zu erörtern, aus welchen Gründen der Norden im Jahre 1853 dem Süden den gleichen Theilungs=Maßstab stillschweigend beließ — Habsucht war es nicht — wir hatten hier nur die derzeitige Haltung der Zollvereinsstaaten des Nordens gegen die südlichen Staaten und gegen Hannover zu erwähnen, um uns derselben weiter unten, wo wir auf die gegenwärtige Haltung beider kommen werden, zu erinnern.

Gegenwärtig nach Ablauf von $^2/_3$ der Vereins=Periode lassen sich die erwähnten Verhältnisse näher beurtheilen.

In der Anlage A. sind die Summen an Eingangszoll, welche in den verschiedenen Verwaltungsbezirken des Zollvereins erhoben wurden, mit den Zahlen der Bevölkerung zusammengestellt. Die Spalten 19, 20 und 21 dieser Tabelle geben an, wie viele $^1/_{10000}$

der ganzen Einnahme aus den Eingangs-Abgaben in jedem Verwaltungsbezirke auf $^1/_{10000}$ der Bevölkerung zur Hebung kamen.

Diese Uebersicht giebt zunächst beiläufig zu der Bemerkung Veranlassung, wie die Verhältnisse der Theilnahme-Quoten an der Gesammt-Bevölkerung sich nach den Zählungen von 1852 und 1858 veränderten:

Bevölkerung des ganzen Vereins:

1852	1858	plus	minus
32,558,000 Köpfe	33,543,000 Köpfe	3,02 %	—

	1852	1858	plus	minus
Antheil Preußens	0,5309	0,5398	1,78 %	—
" Luxemburgs ...	0,0059	0,0057	—	3,39 "
" Bayerns	0,1403	0,1378	—	1,78 "
" Sachsens	0,0611	0,0633	3,54 "	—
" Hannovers	0,0565	0,0556	—	1,59 "
" Württembergs ..	0,0531	0,0504	—	5,03 "
" Badens	0,0417	0,0398	—	4,58 "
" Kurhessens	0,0223	0,0209	—	6,28 "
" Großhzgth. Hessens .	0,0265	0,0257	—	3,02 "
" Thüringens ...	0,0316	0,0311	—	1,58 "
" Braunschweigs ..	0,0076	0,0074	—	2,63 "
" Oldenburgs ...	0,0070	0,0071	1,43 "	—
" Nassaus	0,0132	0,0130	—	1,15 "
" Frankfurts	0,0023	0,0024	4,35 "	—
	1,0000	1,0000		

Die Verwaltungs-Bezirke gruppiren sich hiernach wie folgt:

I. Mit absoluter Zunahme der Bevölkerung über den Durchschnitt des ganzen Vereins:

   Frankfurt .... 4,35 % plus
   Sachsen ..... 3,54 " "
   Preußen .... 1,78 " "
   Oldenburg .... 1,43 " "

II. Mit Zunahme der Bevölkerung unter den Durchschnitt:

  Nassau . . . . . 1,15 % minus
  Thüringen . . . . 1,58 „ „
  Hannover . . . . 1,59 „ „
  Bayern . . . . . 1,78 „ „
  Braunschweig . . . 2,63 „ „

III. Mit absoluter Abnahme der Bevölkerung:

  Großherzogth. Hessen 3,02 % minus
  Luxemburg . . . . 3,39 „ „
  Baden . . . . . . 4,58 „ „
  Württemberg . . . 5,03 „ „
  Kurhessen . . . . 6,28 „ „

In dem Verhältnisse der Zoll-Erhebung ist nur Preußen zurückgegangen — von 1,21 auf 1,07 Zehntausendstel des Ganzen pro $1/10000$ an der Bevölkerung; Thüringen ist stehen geblieben; alle andern Staaten haben ihre Quote gesteigert gesehen.

Die Reihenfolge war:

	1854/55		1856/58		1859/61
$1/10000$ der Gesammt-Erhebung auf $1/10000$ der Bevölkerung.					
Frankfurt	14,90	„	14,90	„	15,25
Hannover	1,52	„	1,60	Sachsen	1,65
Braunschweig . .	1,50	„	1,49	Hannover	1,62
Sachsen	1,31	„	1,47	Braunschweig	1,57
Preußen	1,21	Oldenburg	1,34	„	1,46
Oldenburg . . .	1,06	Preußen	1,18	„	1,07
Baden	0,73	„	0,79	„	1,03
Großhzth. Hessen	0,68	„	0,78	Luxemburg	1,02
Luxemburg . . .	0,54	„	0,60	Großhth. Hessen	0,80
Kurhessen	0,52	„	0,50	„	0,65
Thüringen . . .	0,45	„	0,42	„	0,45
Bayern	0,32	„	0,31	„	0,39
Württemberg . .	0,25	„	0,30	„	0,37
Nassau	0,20	„	0,22	„	0,29
Durchschnitt	1,00		1,00		1,00

Der Unterschied zwischen Nord und Süd im Zollvereine wird bekanntlich besonders charakterisirt durch die Erhebung und Nichterhebung einer Productions-Steuer von Wein und Tabak. In jeder dieser beiden ungleichen Hälften bilden sich ferner nach Aehnlichkeit oder Verschiedenheit der geographischen Lage, der commerciellen und industriellen Verhältnisse und der vorerwähnten Zollerhebungen vier verschiedene Gruppen:

Im Norden

1) Preußen mit 1,07 und Luxemburg mit 1,02
2) Sachsen „ 1,65 „ Braunschweig „ 1,57
3) Hannover „ 1,62 „ Oldenburg „ 1,46
4) Kurhessen „ 0,65 „ Thüringen „ 0,45

Im Süden

5) Bayern mit 0,39 und Württemberg mit 0,37
6) Baden „ 1,03 „ Großh. Hessen „ 0,80
7) Nassau „ 0,29
8) Frankfurt „ 15,25

Diese Gruppirung wird einer ausführlicheren Motivirung kaum bedürfen; mit der Gruppe Hannover-Oldenburg kann, des diesen gewährten Vorzugs in der Einkommentheilung und der Lage an der See wegen, kein anderer Staat zusammengeworfen werden; deshalb paßte Braunschweig mit seiner stärkern Zollerhebung nur zu Sachsen.

Nassau einer und Frankfurt anderer Seits repräsentiren die äußersten Zustände in der Zollerhebung — wenn der Durchschnitt = 1 ist, so erhob ersteres nur 29%, letzteres 1525%, den 52fachen Betrag. Aus diesem Grunde ließen sich jene beiden kleinern Verwaltungsbezirke mit keinen anderen zusammen gruppiren.

Um specieller in die Sache eingehen zu können, geben die Anlagen B. und C. eine Uebersicht davon, wie sich die Verzollung im Ganzen und die der einzelnen Haupt-Artikel auf die 8 einzelnen Gruppen, sowie auf den Norden und den Süden im Jahre 1860 — dem letzten, von welchem die Nachweisungen vorliegen —: vertheilten.

Es geht daraus hervor,
1) daß die Zoll-Einnahme pro Kopf im Norden . . 0,792 Thlr.
  "   "   "   "   "   "   " Süden . . 0,456 "
                             weniger . . 0,336 Thlr.

betrug und daß der Norden somit nicht nur im Ganzen um 42%, sondern auch in allen einzelnen der unterschiedenen Ziffern mit einer Ausnahme — bei den Eisenwaaren — gegen den Süden vorausstand (Anlage B. Col. 7 und 12);

2) daß Frankfurt — mit Ausnahme des Zuckers — durchgängig den ersten Platz behauptet;

3) daß die Sächsische Gruppe mit den Artikeln Eisen und Zucker unter den Durchschnitt des Südens, mit Spirituosen unter den Durchschnitt des ganzen Vereins herabfällt; im Uebrigen sich über dem Durchschnitt im Norden hält und den Platz unmittelbar nach Frankfurt, vermöge der überwiegenden Verzollung an Manufacturwaaren, erhält;

4) daß Hannover nur bei den Manufacturwaaren und Zucker unter den allgemeinen Durchschnitt herabgeht, sich sonst durchgängig über dem Durchschnitt im Norden hält;

5) daß Preußen im Ganzen sowie im Einzelnen mit Spirituosen, Taback, anderen Materialwaaren, Eisen- und Manufacturwaaren unter dem Durchschnitte des Nordens blieb; während

6) Baden im Ganzen unter dem allgemeinen Durchschnitte, sich doch mit Eisenwaaren und chemischen Fabrikaten über den Durchschnitt des Nordens erhob, und daß von den drei Gruppen, welche im Ganzen unter dem Durchschnitte des Südens stehen,

7) Kurhessen und Thüringen sich nur bei Spirituosen und Taback,

8) Bayern und Württemberg nur bei Eisenwaaren und endlich

9) Nassau sich mit keinem einzigen Artikel über den Durchschnitt des Südens erhob.

Wenn nun von der stärkeren oder schwächeren Zollerhebung in den einzelnen Gruppen ein Schluß auf die Consumtion ihrer Bevölkerung an zollpflichtigen Gegenständen allerdings zulässig ist, so bleibt ein solcher Schluß doch, bei dem bestehenden freien Verkehre im Innern, nur ein bedingt berechtigter. — Niemand wird sich einreden lassen wollen, daß ein Kopf in Frankfurt 15mal so viel als in Baden oder 52mal so viel als in Nassau an zollpflichtigen Waaren verbraucht habe, während man kaum zweifeln kann, daß die Consumtion Badens im Durchschnitt der letzten 3 Jahre pro Kopf 2 bis 2½mal so groß war, als die Bayerns und Württembergs. — Das Anhalten, vermöge dessen die Consumtion aus der Zollerhebung arbitrirt werden kann, beruht auf den Instituten der Abfertigungen mit Begleitscheinen, der Packhofs-Niederlagen und der Steuer-Credite. Vermöge der Benutzung dieser Einrichtungen macht z. B. das Großhandlungshaus in Augsburg, Leipzig, Braunschweig ıc. seine Waarenbezüge von Hamburg erheblich wohlfeiler, wenn es sie am Orte der Bestimmung, als wenn es sie beim Eingangsamte in Harburg oder Wittenberge versteuert. Man kann deshalb nicht annehmen, daß hochbesteuerte Colonial- und Manufacturwaaren, welche bei Hannoverschen Aemtern zur Verzollung kamen, zum Verbrauch oder zur weiteren Verarbeitung in Sachsen und Bayern bestimmt seien, darf vielmehr sicher sein, daß der Eigenhandel en gros mit solchen Waaren dort seinen Sitz habe, wo sie zur Versteuerung gelangen.

Wo die Waaren aber weiter, vermöge des Einzelhandels, im Innern bleiben, läßt sich aus dem Orte der Versteuerung nicht mit gleicher Bestimmtheit schließen.

Um darüber Muthmaßungen, und nur von solchen kann hier die Rede sein, aufzustellen, wird man zunächst unterscheiden müssen zwischen

1) Gütern, welche an den Grenzen in der Regel mit Begleitschein abgefertigt werden — alle hochbesteuerten Ballen, Kisten- und Faßwaaren, Stabeisen, Schienen und

2) Gütern, welche ohne Unterschied ihrer Bestimmung in den meisten Fällen beim Eingangsamte versteuert werden — als Getreide, Vieh, Häringe, Roheisen und sonstige niedrig besteuerte, unverpackte Waaren.

Wenn bei diesen letzteren der Ort der Verzollung überall

kein Anhalten für den Verbrauch darbietet, so ist bei jenen, den Begleitscheingütern, zwischen folgenden Kategorien zu unterscheiden:

a) zum Verbrauch fertige Industrie-Erzeugnisse;
   α. leichte, hochbesteuerte; besonders Gewebe. Für fremde Waaren dieser Art sind im Vereine nur drei namhafte Stapelorte, Berlin, Leipzig, Frankfurt, bekannt, von wo aus sie nach allen anderen Gebietstheilen versandt werden. Auf die größere oder geringere Consumtion eines Verwaltungs-Bezirkes ist daher von der Verzollung nicht zu schließen;
   β. schwerere, nicht über 10 Thaler besteuerte, als Holz-, Horn-, Leder-, Metallwaaren ꝛc. Bei größeren Verwaltungsbezirken wird angenommen werden dürfen, daß diese Waaren da, wo sie versteuert wurden, auch zur Consumtion gelangen — nur hinsichtlich der Gruppe א, Frankfurt, findet das Gegentheil Statt;

b) Halbfabrikate, besonders Gespinnste, Leder, Stabeisen, Chemikalien, Farbewaaren. Mit diesen verhält es sich in Betreff der weiteren Verarbeitung ebenso, wie mit der Kategorie a) β. hinsichtlich der Consumtion — sie werden ohne Zweifel der Industrie in den Verwaltungsbezirken dienen, in welchen sie verzollt werden, wenn nur nicht der Bezirk aus einer einzigen Großhandelsstadt, wie Frankfurt, besteht. Wo aber die aus diesen Halbfabrikaten gewonnenen (veredelten) Erzeugnisse bleiben, läßt sich nicht errathen.

Indessen wird die Veredelung zu dem Zwecke der vorliegenden Aufgabe der Consumtion gleich geachtet werden dürfen, zumal ein Theil der veredelten Fabrikate wieder ausgeführt wird, ohne daß dem Verfertiger die erlegte Eingangsabgabe zurückgewährt würde.

c) Rohmaterialien. Von dieser zahlreichen Classe kommen hier nur die beiden hochbesteuerten Artikel Blättertabak und Zucker in Betracht. Sie werden allerdings, wie die Halbfabrikate, da, wo sie verzollt wurden, weiter verarbeitet, aber was von den daraus erzeugten Waaren wieder ausgeht, wird bonificirt und der Rest, welcher im Innern zur Consumtion kommt, wird keineswegs ganz in den Bezirken der Fabrikation verbraucht, sondern vertheilt sich weiterhin in dem ganzen Vereine.

Mit beiden Artikeln concurrirt im Innern eine starke eigene Production — aus dem Süden der eigene, nicht mit einer Productionssteuer belegte und durch die Uebergangsabgaben=linie vom Norden getrennte Tabacksbau; aus dem Norden der versteuerte Rübenzucker, welcher den Hauptbedarf des ganzen Vereins deckt. Unter diesen Umständen wird hinsichtlich des Blättertabacks angenommen werden dürfen, daß der Theil des Eingangs, welcher im Norden versteuert wird, daselbst g a n z zur Consumtion gelangt und zwar nicht bloß in den Bezirken, wo er zur Versteuerung gelangte, sondern gleichmäßig im gan=zen Norden. Vom indischen Rohzucker aber wird man die Consumtion als gleichmäßig auf das ganze Vereinsgebiet ver=theilt annehmen dürfen — wollte man dies nicht thun, so würde man anderer Seits auch die ganze Rübensteuer der Consumtion des Bezirks, wo sie erhoben ward, anrechnen müssen;

d) die übrigen Material= und Colonialwaaren mögen für die grö=ßeren Bezirke (also mit Ausnahme Frankfurts) als da, wo sie versteuert wurden, consumirt angesehen werden können. Nur bei dem Wein in Fässern wird davon eine Ausnahme zu machen sein. — Hannover hat den Hauptstapel dieses Artikels und betreibt damit einen erheblichen Großhandel nach den übri=gen Bezirken des Nordens. Seine Zollerhebung von diesem Artikel ist pro Kopf der Bevölkerung beinahe $3\frac{1}{2}$mal so groß, als die durchschnittliche des Nordens — man wird vielleicht annehmen dürfen, daß seine Consumtion das Doppelte des nördlichen Durchschnittes betrage, aber der Rest seiner Verzol=lung wird sich doch auf die Consumtion des übrigen Nordens vertheilen.

Was endlich die unter 2 oben erwähnten Güter (Ziffer 12 der Anlage B.) angeht, für welche die Verzollung, vermöge der beschränkteren Anwendung der Abfertigung auf Begleitscheine, ein weniger bestimmtes Anhalten über den Verbleib zur Consumtion gestattet, so kann doch bei der geographischen Lage der beiden Gruppen Sachsen und Hannover in Mitte der Haupt-Längenerstreckung des Vereinsgebietes und im Besitz der Grenzstrecken, welche dem Bezuge solcher Waaren besonders günstig gelegen sind, nicht entfernt angenommen werden, daß ihre betreffenden Verzollungen ihrer Consumtion allein dienten, vielmehr wird man annehmen müssen, daß ihre Verzollungen der Consumtion im ganzen Norden, besonders der Gruppe Kurhessen-Thüringen, welche ganz von den Vereinsgrenzen abgeschnitten ist, angehörten.

Es wird die Verzollung an diesen Gegenständen in der nördlichen Hälfte gleichmäßig auf ihre Bevölkerung zu vertheilen sein.

Ein Argument aus der Erfahrung für diese Annahme findet sich in folgenden Verhältnissen.

Im Durchschnitte der drei Jahre 1850/52 wurden pro anno an Eingangs-Abgaben erhoben

im ganzen Zollverein	22,810,000 Thlr.	
davon bei Braunschweigischen Aemtern	377,000 „	= 1,65 %
in den Jahren 1858/60 im ganzen Vereine	24,864,000 „	
davon bei Braunschweigischen Aemtern	281,000 „	= 1,26 %
	weniger	0,39 %

macht auf die Hauptsumme von 1850/52 87,000 Thlr. Diese Verminderung der Zollerhebung bei den Braunschweigischen Aemtern nach der Vereinigung des Steuervereins mit dem Zollvereine läßt sich nicht anders erklären, als dadurch, daß ein entsprechender Bedarf der alten Vereinsländer jetzt in Hannover zur Verzollung gelangt.

Werden die hier besprochenen Correcturen der Verzollung von 1860 vorgenommen, als

1) die Vertheilung des Zollertrags für Gewebe und für Rohzucker gleichmäßig nach der Bevölkerung auf den ganzen Verein;
2) die Vertheilung des Zollertrags vom Blätter-Taback, vom Vieh, Getreide und den übrigen in Anlage A. nicht speciell numerirten Gegenständen aus dem ganzen Norden auf die ganze Bevölkerung desselben in gleicher Weise;
3) die Vertheilung des im Norden erhobenen Zolls vom Wein in Fässern auf die Bevölkerung des Nordens unter Anrechnung der doppelten Bevölkerungszahl für Hannover-Oldenburg, wie in der Anlage D. geschehen, so erhält man ein Bild von der Vertheilung der zollpflichtigen Einfuhr nach den muthmaßlichen Consumtions-Verhältnissen unter die verschiedenen Gruppen, welches den Schein der Wahrheit einigermaßen für sich hat.

Nach diesem Bilde consumirt (zahlt)

	mehr		weniger	
	\multicolumn{4}{c}{als nach dem Verhältniß der Bevölkerung}
	Thlr.	Thlr. pro Kopf.	Thlr.	Thlr. pro Kopf
Preußen	1,222,000	= 0,06	—	—
Sachsen-Braunschweig	480,000	= 0,20	—	—
Hannover-Oldenburg	573,000	= 0,27	—	—
Kurhessen-Thüringen	—	—	294,000	= 0,17
Der ganze Norden	1,981,000	= 0,08	—	—
Bayern-Württemberg	—	—	2,378,000	= 0,38
Baden-Großh. Hessen	—	—	24,000	= 0,01
Nassau	—	—	185,000	= 0,42
Frankfurt	606,000	= 7,49	—	—
Der ganze Süden	—	—	1,980,000	= 0,22

Hannover-Oldenburg bezog im Jahre 1860 an den Ein-, Aus- und Durchgangs-Abgaben den Vorzugs-Antheil . 1,088,776 Thlr.
von der Rübensteuer . . . . 303,190 „
Summa 1,391,966 Thlr.

gegen die Summe, welche in der Gruppe mehr als nach dem Verhältnisse ihrer Bevölkerung zur Verzollung kam . 928,000 Thlr.
plus 464,000 Thlr.
gegen ihren wahrscheinlichen Consum . . . . 573,000 Thlr.
plus 819,000 Thlr.
und wenn man davon für einen etwaigen Mehr-
consum an Zucker noch . . . . 123,000 Thlr.
absetzen will . . . . plus 696,000 Thlr.
noch immer die Hälfte des Vorzugsantheils.

Daß Hannover-Oldenburg alle Gegenstände, welche bei seinen Aemtern verzollt werden, selbst consumire, ist bei dessen geographischer Lage und bei den oben beschriebenen Einrichtuungen des Vereins unmöglich, nur über das Mehr oder Weniger der nach den anderen Vereinsstaaten durchgehenden Güter läßt sich streiten. Will man aber auch von den Muthmaßungen darüber absehen und lediglich die Erhebungen zum Grunde legen, so bleibt doch gewiß, daß Preußen, Sachsen, Baden und Braunschweig nicht herbeigezogen werden könnten, Hannover-Oldenburg irgend einen Vorzug zu gewähren — am wenigsten Sachsen und Braunschweig, welche es in der Zollerhebung überflügelten — sondern, daß es seine Entschädigung allein bei Bayern, Württemberg und Nassau zu suchen habe.

Offenbar sind diese fünf Staaten die bevorzugten Kinder im Vereine; Hannover und Oldenburg, weil sie einen Vorzug in der Revenüentheilung empfangen; Bayern, Württemberg und Nassau, weil ihnen keine Abzüge bei Aufrechnung ihrer Bevölkerung gemacht werden.

In der That eine sonderbare Ironie, daß gerade die drei vornehmsten dieser Staaten (ihre Regierungen) jetzt auf die Breche treten, um den Verein zu sprengen — die Regierung von Hannover im offenbaren Conflict mit den Unterthanen, welche ihr Interesse an der Sache verstehen — die von Württemberg und Bayern im scheinbaren Einverständnisse (vielleicht) mit der Mehrzahl ihrer Angehörigen, welche noch in dem Wahne befangen ist, daß ihr Heil von hohen Zollsätzen abhänge und es vorzöge, damit im Keller zu leben, als mit mäßigen Zöllen an der freien Luft. Frankfurt, das Emporium für Süddeutschland, concentrirt in seinen engen Mauern einen so außerordentlichen Handelsverkehr und ist als Staat ohne weiteres Territorium mit seinen Finanzen so entschieden auf eine größere Einnahme von diesem Verkehre angewiesen, daß es sich dem Vereine nur gezwungen anschließen könnte, wollte man diesen Umständen in der Revenüentheilung keine Rechnung tragen — wir meinen, daß ihm ein Vorzug darin gebühre. Aber keinem andern Staate sollte ein solcher gewährt, keinem eine andere Bedingung gemacht werden, als die Theilung des Netto-Einkommens nach der Bevölkerung. Wenn der Eintritt eines noch außen stehenden deutschen Staates in Frage käme, so sollte die Erwägung der Finanzverhältnisse niemals eine andere Antwort als das nackte »Ja« oder »Nein« dictiren — Staaten, deren commercielle Verhältnisse so verschieden sind, daß einer oder der andere Theil die Theilung nach der Kopfzahl nicht ertragen kann oder will, taugen nicht zu einer solchen Vereinigung.

Das Präcipuum Hannover-Oldenburgs belief sich in den acht abgelaufenen Jahren der Vertrags-Periode auf mehr als 10 Millionen, es wird am Schlusse 16 Millionen übersteigen. Wir geben zu, daß der Steuerverein 1851 in der Lage war, einen solchen Preis für seinen Beitritt zu fordern und daß der Zollverein die Ausgabe nicht scheuen durfte. (Ein sehr erheblicher Theil derselben ist durch Verminderung der Quote, welche die Grenz-Verwaltungskosten von der Einnahme vorwegnahmen, gedeckt worden.)

Anders wird indessen die Lage beider Theile im Jahre 1863 sein, wo in die Verhandlungen über Erneuerung des Vereins eingetreten werden muß. Hannover hat sich keine finanziellen Vortheile von seinem Ausscheiden zu versprechen, auch nicht im Vergleich zum Verbleiben in dem Vereine ohne Empfang eines Vorzugs-Antheils.

Obwohl der Rohertrag von den Eingangsabgaben im Steuervereine, wie oben erwähnt, höher war als im Zollvereine, fand doch das Gegentheil hinsichtlich des Gesammt-Ertrages der verschiedenen auf dem Steuersysteme der beiden Vereine ruhenden Abgaben, der Ein-, Durch- und Ausgangszölle, der Rüben-, Branntwein- und Biersteuer und der Uebergangs-Abgaben Statt.

Die Netto-Erträge von allen diesen Abgaben beliefen sich pro Kopf der Bevölkerung

	im Steuervereine	im Zollvereine
1848 auf	0,899 Thlr.	1,392 Thlr.
1849 „	1,044 „	1,382 „
1850 „	1,166 „	1,315 „
1851 „	1,070 „	1,177 „

Ursache, daß die Branntwein- und Biersteuern dort im Ertrage gegen den Zollverein zurückstanden und daß die Verwaltungskosten dort circa 20%, im Zollvereine circa 10% des Bruttoeinkommens hinwegnahmen.

Hannover würde, wenn es sich wieder isoliren wollte — auch wenn es in Oldenburg wieder einen Gefährten dazu fände — über dieses Mißverhältniß der Ausgaben nicht hinweg zu kommen vermögen. Beweis genug dafür, daß die von beiden im Jahre 1860 aufgerechneten Vereins-Ausgaben sich auf . . . 647,000 Thlr. beliefen, während sie nach Verhältniß ihrer Bevölkerung nur circa 6% von der Gesammt-Summe 3,047,000 . . . . = 183,000 „

weniger . . . . . 464,000 Thlr. traf.

Der neue Steuerverein würde an jenen Ausgaben nichts ersparen können, dieselben im Gegentheile durch Besetzung der früheren Grenzen gegen den Zollverein noch um ¼ bis ⅓ vermehren müssen, wenn er seine Brutto-Einnahme nicht durch Herabsetzung der Zölle auf die Sätze vor 1854 oder durch den Ueberhand nehmenden Schleichhandel vermindert sehen wollte.

Wie die Bayerisch-Württembergischen Finanzen bei einer Isolirung dieser Staaten sich gestalten würden, ist leicht zu ersehen: ihre Ausgaben für die Grenzverwaltung müßten sich um

                      circa . . . . 400,000 Thlr.

vermehren, ihre Einnahmen um die empfangenen Herauszahlungen von den übrigen Vereinsstaaten, im Jahre 1860 außer der Rübensteuer über   2,300,000 „

vermindern.   Summa 2,700,000 Thlr.

Das Räthsel, wie solcher Ausfall in den Bayerisch-Württembergischen Budgets gedeckt werden sollte, wird von der Oesterreichischen Diplomatie nicht gelöst werden.

So viel über die finanzielle Seite. Die volkswirthschaftliche (commercielle) bietet kein Aequivalent für jene Verluste.

In Hannover trug man zuvor eine scheinbar unüberwindliche Abneigung gegen die Einschleppung vermehrter Fabrik-Industrie, wie gegen die Vertheurung des Caffee's und des Rothweins durch hohe Zölle zur Schau; bewirkte auch beim Eintritte in den Zollverein glücklich eine zweckmäßige Ermäßigung dieser Tarifs-Positionen. Später verstummten die Klagen über zu hohe Zölle und es fand eine Reihe von industriellen Unternehmungen leicht Eingang in das Land — nur der Rübenzucker-Fabrikation soll man Hindernisse bereitet haben, wenigstens ward sie auf dem ausgebreiteten Dominium zum großen Nachtheil der Revenüen principmäßig nicht zugelassen. Neue Eisenwerke, Maschinen-Fabriken, Baumwollspinnereien, Chemische, Gummi- und Guttapercha-, Cigarren-Fabriken u. s. w. tauchten in größerem Umfange, als dem eigenen Bedarf entsprechend, auf und fingen an zu gedeihen und der Eigenhandel nahm bedeutend zu, ward auch durch neue kostbare Anlagen in Harburg und Geestemünde von Seiten der Regierung befördert.

Was soll aus diesen Schöpfungen werden, wenn ihr Debitskreis im freien Verkehr wieder auf das beschränkte Ländergebiet zurückgeschraubt wird?

Meint man, die neue Industrie könne nicht ohne Aufrechthaltung hoher Zollsätze gedeihen und ist die Regierung bereits so protectionssüchtig geworden, daß sie es vorzieht, sich damit von dem größeren Markte des Zollvereins auszuschließen, wenn dieser die mäßigeren Sätze des Preußischen Vertrages mit Frankreich — die sie selbst noch vor 10 Jahren für ein Heiligthum hielt — adoptirt?

In Bayern und besonders in Württemberg, wo man sich von jeher bemühte, die Industrie künstlich zu heben und zu beschützen, wo gedenkt man den Abfluß der eigenen Erzeugnisse zu suchen, wenn diese von der See entfernten Länder den freien Verkehr mit Thüringen, Sachsen und Preußen entbehren werden? Daß ihnen Oesterreich kein Aequivalent für diesen Markt biete, sollten sie doch aus der achtjährigen Erfahrung mit dem erleichterten »Zwischen=verkehr« und mit den fruchtlosen Verhandlungen über die Erweiterung desselben gelernt haben.

Von dem Erfolge des Vertrages vom 19. Februar 1853 geben die folgenden Ziffern ein Bild:

Verkehr zwischen Oesterreich und dem Zollvereine im Jahre 1860.

	Verzollte Einfuhr in dem Zollvereine.			Verzollte Einfuhr nach Oesterreich.		
	Güter mille Centner	Getreide mille Scheffel	Vieh mille Stück	Güter mille Centner	Getreide mille Scheffel	Vieh mille Stück
I. Nach dem allgemeinen Tarif:						
im Ganzen	676	494	86	4703	1018	32
davon für Preußen	277	494	21	2733	99	5
" " Bayern	183	—	62	661	718	16
" " Sachsen	175	—	3	1293	96	11
" " Württemberg	6	—	—	13	104	—
II. Nach dem ermäßigten Zwischen=tarif:						
im Ganzen	1978	8030	153	100	—	—
davon für Preußen	539	2306	23	68	—	—
" " Bayern	548	2745	35	29	—	—
" " Sachsen	876	2978	95	—	—	—
" " Württemberg	4	1	—	3	—	—

Die Zwischenzölle beförderten die Ausfuhren des Zollvereins nach Oesterreich nur um ein Geringes; für das gewerbreiche Sachsen fiel von diesem Pappenstiel nicht einmal ein Stäubchen ab.

Die Vortheile der österreichischen Einfuhr nach dem Zollvereine waren umgekehrt vom größten Belang. Die damit zusammenhängende Erleichterung seiner Consumenten in den Eingangs=Abgaben an der österreichischen Grenze hätte der Zollverein ihnen auch ohne Vertrag gewähren können.

Oesterreich drohte dem Zollvereine schon vor zehn Jahren mit seiner innigsten Umarmung: seit den Wiener Conferenzen vom Jahre 1858 schien sich der Eifer abgekühlt zu haben — man konnte meinen, die dortigen Diplomaten hätten sich von der Unausführ= barkeit überzeugt und die Sache fallen lassen; der preußisch=franzö= sische Vertrag stachelte sie wieder auf und dictirte dem Grafen Rechberg den sogenannten Präliminar=Vertrag vom 15. Juli d. J. Die ersten Worte dieses Schriftstücks kündigen es als den Vollzug »gänzlicher Zolleinigung« an — was bedeutet dieser Ausdruck?

Wir im Zollvereine verstehen im guten Deutsch unter »gänz= licher Zolleinigung« die Existenz des freien Verkehrs im Innern des ganzen Vereinsgebietes und der Gemeinschaft des Zolleinkommens; wir gestehen uns, daß dieser Grundbau unseres Hauses noch immer Lücken zeigt, die mit einem widerwär= tigen Flickwerk ausgefüllt werden mußten; wir fühlen uns dadurch nicht nur genirt, sondern auch in gewisser Art beschämt, obwohl die Anzahl der Lücken sich nicht über drei, den Verkehr mit Spirituosen, Taback und Salz, beläuft. — Was bietet man uns jetzt von Wien aus unter jenem Namen an? Den gebundenen Verkehr »für Colonialwaaren und deren Surrogate, für daraus gebildete oder zusammengesetzte Consumtions=Gegenstände, für Taback, Branntwein und alle anderen Gegenstände eines Staatsmonopols oder einer innern Steuer in einem der Gebietstheile«, kurz, für alle die wich= tigsten Handelsartikel, welche den Finanz=Ertrag der Zölle bedingen. Diese, die Hauptsache umfassende Regel nennt der Vertrag eine »Ausnahme« und nennt dagegen die Ausnahme, welche der freie Verkehr mit der Minderzahl der sogenannten Finanzartikel (allerdings neben der großen Masse der Rohmaterialien, die, weil von der Last der Eingangs-Abgabe befreit, hier längst nicht mehr in Betracht kommen) bilden würde, die »Regel«. Nachdem so die Mehrzahl der vorzüglichsten Handelsartikel von der Verzollung, welche Gegenstand des Präliminar-Vertrages ist, ausgesondert sind, statuirt derselbe die Theilung der Zollerträge von »Garn, Geweben, Papier, Leder, Eisen, Glas, Thon-, Metall- und kurzen Waaren« als »Ausnahme« und die Nichttheilung des Zolleinkommens von allen übrigen Artikeln (welches dann freilich der Mühe der Theilung kaum noch Werth sein würde) als »Regel«.

Wir wollen nicht weiter über die Logik in der Fassung mit dem Grafen hadern, aber unsere Meinung dahin aussprechen, daß ein solcher Vertrag sich bereits in den von ihm selbst vorausgesehenen Conferenzen als unausführbar darstellen würde; ein so monströser Vorschlag, wie die Anwendung der Verwaltungs-Grundsätze und Gesetze des Zollvereins auf einen so verstümmelten Rumpf des freien Verkehrs und der Solidarität der Interessen — des großen Gedankens, der den Zollverein schuf — kann bei uns nicht mehr ins Leben gerufen werden. Ein Plan zur Zollvereinigung zweier großer unabhängiger Ländergebiete kann auch im Kopfe eines Mannes auftauchen, der mit dem Handelsverkehre wie mit der Zollverwaltung gänzlich unbekannt ist; er kann, auf zwei Bogen Papier hingeworfen, den großen Haufen einen Augenblick blenden aber niemals zur Reife gelangen ohne specielle Ausführung, ohne die Anwendung andauernden Fleißes von Männern, die die Sache kennen, und bei solchen findet sich der Leichtsinn nicht, der dazu gehörte, eine Intrigue, wie die vorliegende, zum Ruin ihres Vaterlandes zu fördern.

Schon darum fürchten wir die Drohung des Grafen Rechberg mit diesen Präliminarien nicht — sie würden schlimmsten Falls eine ähnliche Wendung nehmen können, wie die gleiche Großsprecherei des Fürsten Schwarzenberg, welche in sachverständige Hände, die des Herrn von Bruck, gebracht, sofort auf den Vertrag vom 19. Februar 1853 zusammenschrumpfte.

Der Zollverein, unbedingt die größte Wohlthat, die der Gesammtheit seiner Länder seit den Befreiungskriegen von ihren Regierungen wurde, ist eine Schöpfung der eigenthümlichsten Art. Diese Vereinbarungen stehen auf keiner Parallele mit irgend welchem andern Staatsvertrage, namentlich mit keinem der unzähligen Zoll- und Handelsverträge, zu denen auch der Februar-Vertrag gehört.

Die Verträge unter den Staaten des Zollvereins begründen eine Gemeinschaft, die zuvor in dem Grade zwischen selbstständigen Staaten noch nirgend und niemals existirte, eine Gemeinschaft der wichtigsten volkswirthschaftlichen und finanziellen Interessen. Ein Vereinsglied vertraut den anderen die Verwaltung eines wichtigen Zweiges seiner Finanzen und, was eben so viel, wo nicht mehr ist, die Behandlung des commerciellen Verkehrs seiner Angehörigen auf gleichem Fuße mit dem der jenseitigen Unterthanen an. Dies Verhältniß ist uns jetzt schon etwas Altes, Gewohntes; wir sind verführt, zu meinen, es könne nicht anders sein; wir haben aber Veranlassung in Fülle, uns der Schwierigkeit seiner Gründung und der Bedingungen, welche sie möglich machten, zu erinnern.

Das Vertrauen, welches ein Vereinsstaat dem andern in dieser Weise schenkt und schenken muß, wenn er sich auf solche Gemeinschaft mit ihm einläßt, ist kein unerwogenes; es ist auch nicht an Personen, weder Regenten noch Minister, dahin gegeben; sondern es beruht auf einer zuvor vorhandenen Uebereinstimmung oder doch tiefer begründeten Aehnlichkeit zwischen den Situationen. Das Glück und die Erfolge einer solchen Vereinigung hängen davon ab, daß die vereinten Länder in ihrem Wohlstande, der Lebensart ihrer Einwohner, in deren Industrie, Fleiß, Cultur-Zustand nicht zu verschieden sind; aber noch mehr davon, daß die Ausbildung der Finanz-Verwaltungen und die Probität des Beamtenstandes auf gleicher Stufe stehen; endlich davon, daß die Länder ihrer ganzen

Lage nach vernünftigerweise eine gleiche Handels=Politik gegen das Ausland üben und mithin, daß eine übereinstimmende Kriegs= und Friedenspolitik unter allen Umständen von ihnen inne gehalten werden kann.

So verschieden Rheinland von Ostpreußen, das bayerische Gebirge von den oldenburgischen Marschen, die Organisation des preußischen Großstaats von der der Mittel= und Kleinstaaterei sei — die langjährige Erfahrung hat erwiesen, daß die Vereinigung zum Wohl dieser Länder zwischen ihnen bestehen könne. Auch das nothwendige Vertrauen der Regierungen auf einander ist noch in keinem Falle ernstlich gestört gewesen; selbst die kurfürstliche Mißregierung hat es nicht dahin gebracht, daß ein Schatten auf die Probität ihrer Zollverwaltung gefallen wäre. An Mißhelligkeiten zwischen den Vereins=Regierungen hat es freilich nicht gefehlt, aber der Bestand des Vereins ist davon mehr scheinbar, als wirklich bedroht gewesen, und wenn das liberum veto in den Zollconferenzen manchen Fortschritt hinderte, so lag darin wohl ein großer Uebelstand, der jedoch gegen die unermeßliche Wohlthat des freien Verkehrs für diese geographisch zerrissenen und unter einander gewürfelten Gebiete und Gebietsflicken sehr leicht wog. Die Friedens=politik Preußens nach Außen beherrschte den ganzen Verein. Ueberhaupt halten wir die nunmehr fast dreißigjährige Dauer vor Allem durch den Umstand bedingt, daß der eine Staat alle übrigen zusammen an Umfang und Macht aufwog; einer ähnlichen Vereinigung zwischen Staaten, unter denen keiner so weit über die anderen hervorragte, daß die Eifersucht auf den natürlichen größeren Einfluß zuletzt allemal verstummte, oder in dem sich zwei gleich überwiegend mächtige Staaten befänden, wäre keine Dauer zu versprechen.

Mit den hier geschilderten Bedingungen einer vernünftigen Zollvereinigung contrastiren dann alle Elemente, welche die Oesterreichische Monarchie in den Verein zu bringen hätte: ein weites Ländergebiet, welches an seinen südlichen Grenzen den ernstlichsten Verwickelungen mit Nachbarn ausgesetzt ist, mit denen wir außer Berührung stehen; eine eigene Bevölkerung aus dem buntesten Ge-

misch verschiedener Nationalitäten und Sprachen, die einander zum
Theil feindlich gegenüber und zur größern Hälfte auf einer ungleich
tiefern Culturstufe steht, als Deutschland; verhältnißmäßige Armuth
auf reichem Boden; zerrüttete Finanzen unter einer Verwaltung,
die erst kürzlich angefangen hat sich dem Rufe der Bestechlichkeit
zu entwinden; im Ganzen beschränkte Entwickelung der Communi=
cationsmittel und des Handels — das Ganze eine herabgekommene
Größe mit dem Ehrgeize und der Anmaßung, in Deutschland un=
bedingt zu herrschen. Wie wäre es möglich, daß Preußen diese
enge Vereinigung eingehe, daß beide Großmächte darin verträglich
mit einander lebten? — wie, daß die kleinern Staaten darin dem
Zerwürfnisse in eine Oesterreichische und eine Preußische Partei, der
unbedingten Clientel und der verderblichsten Hereinziehung in den
Hader der beiden Großmächte entgingen?

Fehlt es zwischen den Bewohnern und inneren Verhältnissen
des nicht Oesterreichischen Deutschlands und der nicht Deutschen
Provinzen Oesterreichs an jeder Assimilation und Sympathie, so
kömmt eine hier nicht zu übersehende Verschiedenheit in der Stel=
lung zu den Nachbarn beider Gebiete hinzu. Wir sind in der
glücklichen Lage, nach allen Seiten civilisirte Völker zu Grenz=
nachbarn zu haben, mit welchen ein lebhafter, friedlicher, geordneter
Verkehr gepflegt wird, unter ihnen drei der ersten Handels= und
Gewerbsvölker der Welt und die Deutsch=Oesterreicher — für die
Nachbarschaft der letzteren würde das vergrößerte Vereinsgebiet die
der Serbier und Bosnier eintauschen — gegen einen erwünschten
und beförderten Grenzverkehr die Militairgrenze, welche bestimmt ist,
den unerwünschten Verkehr zu hindern: wäre das ein Gewinn für
das Ganze, dessen Individualität, Charakter und Wohlfahrt?

Aber abgesehen von allen diesen Umständen, auch von der
Unsicherheit des Besitzes von Venetien — man untersuche doch nä=
her, was der Zollverein durch die Hereinziehung des ungeheuren
Ländergebiets in seine Grenzen, was andererseits Oesterreich durch
eine Vereinigung wirklich gewinnen könne, wenn diese auf solchen
Halbheiten wie der Präliminar=Vertrag gegründet werden sollte;

dessen Conception doch klarer und bestimmter als alles Vorhergehende beweist, daß die Kaiserliche Regierung den einfachen, vollen, ungezierten Beitritt zu unserm Tarif und unseren sonstigen Institutionen nicht will und nicht kann.

Die Preußische Regierung wäre vielleicht niemals auf den Gedanken gekommen, sich zu der gemeinschaftlichen Zollverwaltung mit kleineren Staaten zu vereinigen, wären ihre beiden großen Gebietstheile, Rheinland-Westphalen und die östlichen Provinzen nicht durch jene von einander getrennt und ihre Grenzen im Einzelnen vielfach zackenartig configurirt gewesen. Die Schwierigkeiten der geographischen Situation, welche der Anwendung des adoptirten Grenz-Zollsystems in den Weg traten, waren es zunächst allein, welche den leitenden Staatsmännern den Gedanken aufdrängten — hinlänglich arrondirt, wäre die Preußische Monarchie eben groß genug gewesen, um das fragliche System für sich allein zu halten und die Vortheile davon zu genießen.

Wir glauben in der Meinung, daß man erst später aus der Erfahrung die Vortheile der subsequenten Vergrößerung des Zollgebiets über den Umfang der Preußischen Länder hinaus näher kennen lernte, kaum fehlgehen zu können. Namentlich was die Hereinziehung der Staaten betrifft, welche zu der anzustrebenden Herstellung des Zusammenhangs zwischen den westlichen und östlichen Provinzen nicht unbedingt erforderlich waren, sondern nur einem noch besseren Arrondissement in die Breite und der absoluten Vergrößerung des Zollgebiets dienten.

Beweis dafür: die langjährigen Verhandlungen, welche dem Sächsischen Anschlusse vorausgingen und durch die Besorgniß, daß die alt begründete Sächsische Industrie der Preußischen durch ihre freie Concurrenz im Innern zu erheblich schaden werde, verzögert wurden; sowie die vor der Aufnahme Bayerns und Württembergs vielfach geäußerten Bedenken, daß sie Preußen empfindliche finanzielle Verluste zubringen müsse. — Wir sind weit entfernt, die Vereinigung Sachsens und selbst der drei tief nach Süden auswinkelnden Staaten, Bayerns, Württembergs und Badens, mit dem Vereinskörper zu verschmähen, würden ihr Verbleiben außerhalb vielmehr jederzeit als einen Mangel angesehen haben; indem wir die Vortheile ihrer Vereinigung mit uns für überwiegend halten, ihren Wiederaustritt als eine Amputation köstlicher Glieder, als Verstümmelung betrachten würden; aber wir wollten mit jenem Beispiele aus der Geschichte des Vereins unsere Ansicht erläutern, daß es einem solchen Vereine auf seine Erweiterung nicht u n b e d i n g t ankommen könne, sondern daß er sich die Eigenschaften der neu zu wählenden Genossen weislich näher zu besehen und seinen Entschluß mehr nach dem Befunde dieser Untersuchung, als nach dem bloßen Gewinn an Gesammtausdehnung zu treffen habe.

Eine günstige Veränderung, welche in Folge einer V e r g r ö ß e r u n g des Zollgebiets auftritt, besteht in dem Wegfalle der Zollsperre mit allen ihren nothwendigen Uebelständen und Unbequemlichkeiten an der a l t e n G r e n z s t r e c k e gegen das neu einzuverleibende Gebiet. Sie wird die Bewohner des alten Grenzgürtels mit Recht erfreuen und ihnen herzlich zu gönnen sein, aber immer nur einem geringen Bruchtheile der Gesammtbevölkerung frommen, mithin nach dem Grundsatze: summum bonum summi nummeri nicht zu schwer in die Schale fallen dürfen.

Aber diese an sich nicht hoch genug zu schätzende Folge einer gänzlichen Zolleinigung würde der Präliminar-Vertrag ausschließen; vermöge seiner Ausnahmen vom freien Verkehre könnte die Grenzplage auf der Linie von Mislowitz bis zum Bodensee nicht in Wegfall kommen, wie wir weiter unten sehen werden.

Alle übrigen Veränderungen, welche die Aufnahme eines neuen Gliedes in einen solchen Verein hervorbringt, sind nicht zu den u n b e d i n g t e n Vortheilen zu zählen, sondern von den particularen Eigenschaften des neuen Gebietstheils abhängig. Bei einem so großen Gebiete, wie die Oesterreichische Monarchie, mag die Erweiterung des freien Marktes unseren F a b r i k a n t e n in die Augen stechen — der Kaufmann kann sich davon schon weniger versprechen, wenn er nur nicht, durch die »Regeln« des Grafen Rechberg verblendet, über seine »Ausnahmen« hinwegsieht; der Handel

mit allen Producten des gemeinschaftlichen Auslandes nach Oester=
reich würde ja nach Abschluß des Präliminar=Vertrages ganz in
der nämlichen Lage bleiben wie vorher — der Viehzüchter, der
Land= und Weinbauer hat den Einwohnern des großen Reiches
von einem Ende bis zum andern nichts anzubieten, was ihr Bo=
den nicht selbst wohlfeiler erzeugte. Aber welcher Art ist denn der
Markt, der sich unseren Industrieerzeugnissen in Oesterreich eröffnen
würde? wir halten ihn vor allen Dingen nicht sicher genug, um
einen großen Werth darauf legen zu können. Wenn unsere zoll=
freien Ballen auch Anfangs massig hinüberströmen möchten (ohne
die unerläßliche Untersuchung nach beigepacktem zollpflichtigen Ta=
back, Kaffee, Gewürz, Chocolate, Cichorienpaketen u. s. w. an der
Grenze zu scheuen), so bliebe es doch gewagt, größere Fabrikanlagen
oder Erweiterungen auf diesen Handel zu gründen, so lange die
valuta nicht hergestellt und in Folge davon bessere Preise zu erzielen
wären, so lange die inneren Oesterreichischen Zustände nicht consoli=
birt und die Dauer der Zolleinigung mit ihm nicht auf haltbareren
Basen als denjenigen des Präliminar=Vertrages gestellt wären.
Solchen Halbheiten ist keine Dauer zu versprechen. Auch jeder
Krieg Oesterreichs an seinen westlichen, südlichen oder östlichen
Grenzen, geschweige eines Aufstandes seiner eigenen Provinzen,
würde diesen Handel unterbrechen; vielleicht selbst den Zollverein
vermöge der Pflicht der Selbsterhaltung nöthigen, die Handhabung
der Vertragsbestimmungen wenigstens zeit= und theilweise zu sistiren.

Die Consumenten im Zollvereine würden die Producte
Oesterreichs zollfrei, mithin wohlfeiler als bisher beziehen. Der
Zwischen=Zolltarif hat indessen hierin einen großen Schritt vermit=
telt (Getreide geht über die Oesterreichischen Grenzen bereits zollfrei
ein, Vieh zu sehr herabgesetzten Sätzen), der Preußisch=Französische
Tarif geht in der Ermäßigung vieler Zollsätze und in gänzlicher Be=
freiung der Rohmaterialien noch weiter; die Oeffnung der Oester=
reichischen Grenze würde unseren Finanzen einen Verlust bereiten, der
immerhin eines Ersatzes aus den Taschen der Consumenten bedürfte;
sie würde ihnen deßhalb kaum reell zu Gute kommen.

Diese Bemerkung leitet uns zu dem Finanzpunkte, der nicht zu den Nebensachen in dieser Frage gehört. Graf Rechberg will nur einen kleineren Bruchtheil des Einkommens mit uns theilen und nimmt davon für 35,000,000 Einwohner die kleinere Quote von $3/8$ in Anspruch, während er uns für 33,000,000 5/8 läßt, pro Kopf wie 100:177 — woher diese Ziffern, ist uns unbekannt; angenommen, daß sie den Consumtionsverhältnissen an den bezüglichen Artikeln billig entsprächen, fragt es sich nur noch um die gemeinschaftlichen Kosten.

Mit jeder — nicht ganz unglücklich in der Configuration gewählten — Erweiterung eines Zollgebiets sollte eine Abkürzung der Zollgrenzen verhältnißmäßig zur Fläche von selbst eintreten, welche eine erhebliche Verminderung der Grenzverwaltungskosten verhältnißmäßig zu der Menge der Gesammteinnahmen ermöglichte. Es scheint außer dem Gesichtskreise des Grafen Rechberg zu liegen, daß dergleichen Ersparungen zu den Eventualitäten gehören, welche der Erwägung eines Staatsmannes werth sind, der in Handels- und Zollangelegenheiten Verträge für sein Land zu unterhandeln hat. Der Präliminar-Vertrag schließt den Wegfall der Grenzverwaltung zwischen dem Zollvereine und Oesterreich absolut aus. Die lange Reihe der von dem freien Verkehre ausgenommenen Artikel würde es unthunlich machen, die Grenzämter wesentlich zu vermindern und die Grenzbewachung aufzulösen oder auch nur erheblich zu schwächen. Die beiderseitigen Finanzen sind doch zu stark dabei betheiligt, daß alle diese, für ihre alleinige Rechnung zu versteuernden Artikel nicht ohne Controle übergehen — Oesterreich selbst wegen des Tabacks-Monopols am stärksten. Die Herstellung von gemeinschaftlichen Aemtern, deren Beamte die widersprechenden Interessen beider Vereinshälften gleichmäßig wahrzunehmen hätten, gehört zu den Träumereien und somit wäre an eine nennenswerthe Ersparung an den bisherigen jen- und diesseitigen Verwaltungskosten nicht zu denken. Von einer künftigen Gemeinschaftlichkeit der Grenzverwaltungskosten ist in den Actenstücken vom 15. Juli nicht direct die Rede, aber wenn der Präliminar-Vertrag es mit der Adoption der Verwaltungsprincipien des Zollvereins ernstlich meint, so wird dieser Punkt nicht vergessen, sondern selbstverständlich vorausgesetzt sein. Dies, wie man nicht anders kann, angenommen, fragt es sich, wie es mit solcher Theilung stehen würde? Um gründlich darauf zu antworten, würde eine detaillirtere Statistik von den Oesterreichischen Zoll=Einkünften und Zoll=Verwaltungsausgaben zur Hand sein müssen. In Ermangelung einer solchen wollen wir uns an ein Beispiel halten.

Im Zollvereine belaufen sich die Zolleinnahmen auf 25,000,000 Thlr., die gemeinschaftlichen Kosten auf 3,000,000 Thlr. des Jahres; würden in Oesterreich (dem vorgeschlagenen Theilungsverhältnisse entsprechend) die Einnahmen 15,000,000 Thlr., die Ausgaben (eben so viel als die unsrigen) 3,000,000 Thlr. betragen und wäre das Ganze (nicht bloß ein Theil) zwischen beiden Contrahenten zu theilen, so hätte aufzurechnen

	Bruttoeinnahme	Kosten	Nettoeinnahme
der Zollverein	25,000,000	3,000,000	22,000,000
Oesterreich	15,000,000	3,000,000	12,000,000
Summa	40,000,000	6,000,000	34,000,000

Davon fielen in der Theilung

auf den Zollverein ⅝ =	25,000,000	3,750,000	21,250,000
auf Oesterreich ⅜ = .	15,000,000	2,550,000	12,750,000

Der Zollverein verlöre mithin und Oesterreich gewönne 750,000 Thlr. Sollten die nach dem Präliminarvertrage zu theilenden Einkünfte sich etwa auf ⅓ des Ganzen belaufen, so würde sich dieser Verlust und Gewinn auch auf ⅓ oder 250,000 Thlr. reduciren; immer und unter allen Umständen aber würde das Princip, wonach im Zollvereine getheilt wird, auf die Theilung mit Oesterreich nach dem Verhältnisse der erhobenen Mengen und den Consumtionsverhältnissen von 5 : 3 angewandt, herbeiführen, daß der Zollverein einen aus der Sachlage nicht zu motivirenden Beitrag zu den von Oesterreich aufzuwendenden Kosten beisteuerte.

Der hannoversche Unterhändler des September-Vertrags hatte diese Folgen der Anwendung des Zollvereinsprincips auf die Theilung nach abweichenden Quoten — dort in umgekehrter Richtung — wohl erkannt, als er das Präcipuum von der **Brutto-Einnahme** berechnet verlangte.

Ein finanzieller Vortheil aus dem Präliminarvertrage für den Zollverein ist also unersinnlich; unserm Einkommen drohen daraus **nur eventuelle Verluste**.

Mit dem Vorstehenden glauben wir erwiesen zu haben, daß es für den Zollverein, als Ganzes, nach allen Richtungen hin eine Thorheit sein würde, auf die Rechberg'schen Forderungen einzugehen — namentlich für Preußen eine Unmöglichkeit. Daraus folgt, daß wir, in den kleineren Staaten, die Erklärungen Preußens auf das Schreiben vom 15. Juli nach Wien, sowie diejenigen auf die Ablehnungen des Vertrags mit Frankreich nach München und Stuttgart für **wahren Ernst, für unwiederrufliche Entschlüsse** zu halten haben. Es kann sich darüber Niemand mehr täuschen, daß die **Fortdauer des Zollvereins in seinem jetzigen Umfange von den Entschließungen Bayerns, Württembergs und Hannovers abhängig sei.**

Wir haben keinen andern Wunsch und es dictirte uns diesen kleinen Aufsatz kein anderes Motiv, als die Erhaltung des Zollvereins in seinem vollen Bestande; wir würden dessen Zerreißung für ein Nationalunglück halten, für die Einleitung zur Revolution und Anarchie; wir halten sie in gewisser Art für unmöglich, denn wir begreifen nicht, wie die austretenden Regierungen sich über irgend welche andere Combination und Ordnung ihrer commerciellen und finanziellen Verhältnisse mit ihren Landesvertretungen zu einigen vermöchten. — Wo, wie in Bayern und Württemberg, die Bevölkerung ihren Regierungen vielleicht jetzt noch in der Majorität zu dem Widerspruche gegen den Vertrag mit Frankreich beisteht, wird sie sich doch noch rechtzeitig eines Besseren belehren, wird ihnen doch noch vor dem Jahre 1866 abfallen und die Brücke hinter ihnen nicht frevelhaft abwerfen helfen.

Dennoch müssen wir die Frage berühren, wie der Verein nach dem Abfall Bayerns und Württembergs zu stehen kommen würde. Unsere Meinung darüber ist, daß die Abtrennung in commercieller Beziehung große Verluste für den übrig bleibenden Körper und die empfindlichsten Störungen der Behaglichkeit und des Wohlstandes der Bevölkerung zunächst der neu errichteten Zollgrenzen und zwar für beide Theile — die Ausscheidenden wie die Zurück= bleibenden — haben müsse; daß aber die finanziellen Resultate nur für die Ausscheidenden nachtheilig sein könnten. Berechnungen darüber hier einzuschalten würde uns zu weit führen, aber sie liegen uns in genügender Vollständigkeit vor: Der Netto=Ertrag der Ein= künfte des Zollvereins nach dem Ausscheiden Bayerns und Würt= tembergs — selbst wenn Baden dadurch zur Nachfolge gezwungen werden sollte —, sowie nach dem Ausscheiden Hannover=Oldenburgs — bei diesem allerdings nur unter der Voraussetzung, daß es nicht ohne Gewährung eines Präcipuums zum Bleiben bewogen werden könnte —, dieser Netto=Ertrag würde im Verhältniß zu der reducirten Bevölkerungsziffer größer sein, als mit diesen Staaten.

Die Bayerische und die Württembergische Regierung mögen sich darüber nicht täuschen; finanzielle Motive werden den Verein nicht zu bestimmen haben, daß er sie in demselben festhalte.

Wie die Finanzfrage bei ihnen steht, mögen sie sich selbst sagen und wenn sie sich davor scheuen sollten, sich bei Oesterreich Raths erholen. Sie werden keinen finden und darum vertrauen wir, daß sie bei Zeiten auf ihre Schritte zurückkommen und davon abstehen werden, eine Intrigue — denn für eine solche, für die Absicht nicht den Präliminarvertrag zur Ausführung zu bringen, sondern den Zollverein zu sprengen, sehen wir die ganze Procedur des Grafen Rechberg an — zu ihrem eigenen Ruin zu fördern.

Wir hoffen, daß jene Regierungen bald einkehren und zwar

nicht allein darum, weil jede Verzögerung in der Ausführung des Vertrags mit Frankreich dem Verkehre und der Industrie des Vereins unausbleiblich schadet, sondern auch in ihrem eigenen Interesse nach einer Seite, wo wir hoffen dürfen am Besten von ihnen verstanden zu werden. Wir meinen den überwiegenden preußischen Einfluß im Vereine, auf den sie die von Oesterreich seit zehn Jahren so kühn benutzte Eifersucht fühlen. Die Gefahr, daß sie den Widerstand gegen diesen Einfluß missen müßten, liegt nicht da, wo sie dieselbe fürchten, nicht in der Zustimmung zu dem Vertrage vom 2. August, sondern in dessen Negation, welche, länger fortgesetzt, keine andere Folgen haben kann und wird, als daß sie von den Verhandlungen über die Erneuerung der Vereinsverträge ausgeschlossen bleiben und — später genöthigt sein werden, Alles, was man dort ohne ihr Zuthun festgesetzt hat, puro et crude hinzunehmen und sich dem zu unterwerfen.

Denn unsere Ueberzeugung sei hier zum Schlusse nochmals niedergelegt:

1) Der Zollverein ist für Deutschland unentbehrlich; die Wirkungen des freien Verkehrs und ihre dreißigjährige Dauer haben ihn unauflöslich gemacht; das Volk kann nicht davon lassen. Die periodischen Kündigungen können niemals zu einem anderen Effect als den der Reorganisation gelangen, sind nichts, als das Nothventil für die Uneinigkeiten und das liberum veto der Vereinsglieder; keines davon kann seine Coquetterie mit dem außerhalb stehenden Oesterreich bis zum Austritt treiben, ohne sich selbst damit die härtesten Strafen aufzuerlegen, unter welchen — zum Troste für die, welche unschuldig leiden würden, sei es gesagt — unter welchen die der reuigen Umkehr nicht fehlen kann;

2) die Oesterreichische Monarchie kann nicht in den Verein aufgenommen werden; die wahren Interessen beider Theile, der Friede und die Wohlfahrt ihrer Völker lassen es nicht zu. Der Verein bedarf überall nicht der Vergrößerung um der Vergrößerung willen; seine Institutionen stehen mit seiner gegenwärtigen Ausdehnung in einer Harmonie, welche durch die Erweiterung um mehr als das

alterum tantum nur zerstört werden könnte. Der freie Verkehr in dem Vereine ist dem Blutumlaufe im menschlichen Körper zu vergleichen — die Hauptbedingung des Lebens, aber nicht die einzige: den Blutumlauf beleben die Nerven und das sind in diesem Falle die Einkünfte des Staats; eine Zollvereinigung mit Oesterreich hieße für uns so viel, als einen Gesunden zu einem Typhuskranken ins Bett legen.

Geschrieben im September 1862.

Anlage A.

Nachweisung

der

bei den einzelnen Staaten des Zollvereins

(unter ihrer Verwaltung)

zur Erhebung gekommenen

Eingangs-Abgaben

aus

den Zoll-Abrechnungen (Spalte 17) extrahirt

1854 bis 1861.

1.	2.	3.	4.	5.	6.	7.	8.	9.
	Bevölkerung mille Köpfe	Eingangszoll-Erhebung mille Thaler		Bevölkerung mille Köpfe	Eingangszoll-Erhebung mille Thaler			Bevölkerung mille Köpfe
		1854	1855		1856	1857	1858	
Preußen	17286 5309	14559	16314	17557 5369	15968	16413	17246	18107 5398
Luxemburg	193 59	73	77	189 57	81	88	99	192 57
Bayern.	4565 1403	1080	1071	4547 1391	1065	1055	1273	4621 1378
Sachsen	1988 611	1770	2070	2039 623	2311	2460	2505	2122 633
Hannover	1841 565	1743	2373	1842 562	2480	2127	2543	1865 556
Würtemberg. . . .	1733 531	300	324	1670 510	374	402	434	1691 504
Baden	1355 417	647	815	1313 400	725	798	1007	1334 398
Kurhessen	727 223	267	298	710 216	301	283	304	700 209
Großherzogth. Hessen	865 265	432	427	848 259	446	563	602	863 257
Thüringen	1025 316	324	347	1026 315	334	323	381	1044 311
Braunschweig . . .	247 76	260	296	246 75	297	286	291	250 74
Oldenburg	229 70	165	190	232 70	217	258	277	237 71
Nassau	429 132	62	63	428 130	86	64	80	436 130
Frankfurt	75 23	813	829	76 23	866	894	960	81 24
Summa .	32558 10000	22495	25494	32723 10000	25547	26014	28002	33543 10000

10.	11.	12.	13.	14.	15.
Eingangszoll-Erhebung mille Thaler				Gegen Col. 2	
1859	1860	1861	$18^{54}/_{55}$	plus minus	$18^{56}/_{58}$
13478	13388	14235	30873	—	49627
			6433	1124	6238
143	139	128	150	—	268
			32	27	34
1225	1274	1329	2151	—	3393
			448	955	426
2323	2512	2605	3840	—	7276
			800	189	915
2099	2158	2174	4116	—	7150
			858	293	899
418	431	482	624	—	1210
			131	400	152
900	951	1058	1462	—	2530
			305	112	318
299	324	352	565	—	888
			117	106	109
458	498	506	859	—	1611
			179	86	202
346	329	338	671	—	1038
			141	175	131
273	280	272	556	—	874
			114	38	111
237	242	261	355	—	752
			74	4	94
82	87	95	125	—	230
			26	106	29
824	872	910	1642	—	2720
			342	319	342
23105	23485	24745	47989	—	79563
			10000		10000

Anlage B.

Uebersicht

von

den im Jahre 1860 erhobenen

Eingangs-Zöllen

wie

sich dieselben nach folgenden Gruppen vertheilt:

I. **Nördlicher Theil des Vereins:**
  a. Preußen und Luxemburg,
  b. Sachsen und Braunschweig,
  c. Hannover und Oldenburg,
  d. Kurhessen und Thüringen;

II. **Südlicher Theil des Vereins:**
  e. Bayern und Würtemberg,
  f. Baden und Großherzogthum Hessen,
  g. Nassau,
  h. Frankfurt.

Ordnungs-Nummer	1.	Eingangs-Zoll-Erhebung Erhebung auf 1 Kopf der				
		2. Der ganze Verein	3. Preußen und Luxemburg	4. Sachsen und Braunschweig	5. Hannover u. Oldenburg	6. Kurhessen u. Thüringen
1.	Spirituosen, pos. 25 b&1, ba2, b/a, b/β	17902 0,054	10953 0,060	1236 0,052	3358 0,160	422 0,024
2.	Tabak, pos. 25 e1, e2, e2βaa, e2βbb	26622 0,080	12688 0,070	2916 0,123	3987 0,190	1616 0,093
3.	Zucker, pos. 25 ε1, ε2, ε3	4100 0,012	3839 0,021	20 0,001	155 0,008	6 0,000
4.	Andere Materialwaaren, pos. 25 a, c bis u, w	97015 0,289	56679 0,309	9618 0,406	9074 0,432	3470 0,199
5.	Oel, pos. 26 a, b	3883 0,012	2442 0,013	168 0,007	375 0,018	52 0,003
6.	Chemische Fabrikate, pos. 5 a1, g.h., t.m.	2229 0,007	1326 0,007	178 0,007	236 0,011	40 0,002
7.	Flachs, pos. 8	630 0,002	485 0,003	6 0,000	110 0,005	— —
8.	Eisen, pos. 6 a bis e	12163 0,036	8526 0,047	372 0,016	1736 0,082	38 0,002
9.	Eisenwaaren, pos. 6ƒ	4500 0,014	2002 0,011	541 0,023	364 0,017	58 0,004
10.	Steinkohlen, pos. 34	1466 0,005	1463 0,008	3 0,000	— —	— —
11.	Gespinnste und Gewebe, pos. 2, 22, 30, 41	43241 0,129	22158 0,121	10836 0,435	2754 0,088	738 0,042
12.	Getreide, pos. 9 / Vieh, pos. 39 / Alle übrigen Verzollungen	4412 5012 11675 0,060	12709 0,069	2526 0,107	1851 0,131	90 0,005
13.	Summa	234850 0,700	135270 0,739	27929 1,177	24000 1,142	6530 0,374
14.	Volkszahl	335430	182990	23720	21020	17440
15.	Die Einnahme nach der Volkszahl vertheilt	—	128120	16600	14720	12210
16.	mehr erhoben	—	7150 0,039	11320 0,477	9280 0,442	— —
17.	weniger erhoben	—	— —	— —	— —	5680 0,426

vom Jahre 1860 in Centum-Thalern.
Bevölkerung in Thalern.

7. Summa Norden	8. Bayern und Würtemberg	9. Baden und Großh. Hessen	10. Nassau	11. Frankfurt	12. Summa Süden	13. Plus im Norden Thlr.	14. Plus im Norden Proc.	15. Plus im Süden Thlr.	16. Plus im Süden Proc.
15969	847	620	44	422	1933				
0,065	0,013	0,028	0010	0,521	0,021	0,044	68	—	—
21207	2647	2154	225	389	5415				
0,087	0,042	0,098	0,051	0,480	0,060	0,017	19	—	—
4020	51	25	—	4	80				
0,017	0,001	0,000	—	0,005	0,001	0,016	91	—	—
78841	6660	6854	475	4185	18174				
0,322	0,105	0,312	0,109	5,167	0,202	0,120	37	—	—
3037	183	489	2	172	846				
0,012	0,003	0,022	0,001	0,212	0,009	0,003	25	—	—
1780	110	304	—	35	449				
0,007	0,002	0,014	—	0,043	0,005	0,002	28	—	—
601	12	16	—	1	29				
0,003	0,000	0,001	—	0,001	0,000	0,003	100	—	—
10672	835	550	—	106	1491				
0,044	0,014	0,025	—	0,131	0,017	0,027	61	—	—
2965	960	415	37	123	1535				
0,012	0,016	0,019	0,007	0,152	0,017	—	—	0,005	29
1466	—	—	—	—	—				
0,006	—	—	—	—	—	0,006	100	—	—
35986	2727	1827	38	2663	7255				
0,147	0,042	0,083	0,009	3,288	0,081	0,066	45	—	—
17176	2018	1236	49	620	3923	—	—	—	—
0,070	0,032	0,057	0,012	0,765	0,043	0,027	38	—	—
193720	17050	14490	870	8720	41130				
0,792	0,270	0,659	0,199	10,765	0,456	0,336	42	—	—
245170	63120	21970	4360	810	90260				
171650	44190	15380	3060	570	63200				
22070	—	—	—	8150	—				
0,092	—	—	—	10,065	—				
—	27140	890	2190	—	22070				
—	0,430	0,041	0,501	—	0,244				

Anlage C.

Uebersicht

des

Zoll-Ertrages pro Kopf der Bevölkerung

von

den einzelnen Hauptartikeln und im Ganzen

aus

dem Jahre 1860

nach

Nord und Süd und nach acht Gruppen

der

Vereinsstaaten gesondert

mit

einer graphischen Darstellung.

Zoll-Ertrag

Ord.-Nro.	1. Spirituosen, pos. 25b.		2. Taback, pos. 25v.		3. Zucker, pos. 25x.	
1	Frankfurt	0,521	Frankfurt	0,480	Preußen-Luxemburg .	0,021
2	Hannover-Oldenburg	0,160	Hannover-Oldenburg	0,190	—	—
3	—	—	Sachsen-Braunschweig	0,123	—	—
4	—	—	Baden-Großhth. Hessen	0,098	—	—
5	—	—	Kurhessen-Thüringen	0,087	—	—
6	Durchschnitt im Norden	0,065	—	0,087	—	0,017
7	Preußen-Luxemburg .	0,060	—	—	—	—
8	—	—	—	—	—	—
9	Durchschnitt im Ganzen	0,054	—	0,080	—	0,012
10	Sachsen-Braunschweig	0,052	Preußen-Luxemburg .	0,070	Hannover-Oldenburg	0,008
11	Baden-Großhth. Hessen	0,028	—	—	Frankfurt	0,005
12	Kurhessen-Thüringen	0,024	—	—	—	—
13	Durchschnitt im Süden	0,021	—	0,060	—	0,001
14	Bayern-Würtemberg	0,013	Nassau	0,051	Sachsen-Braunschweig	0,001
15	Nassau	0,010	Bayern-Würtemberg	0,042	Bayern-Würtemberg	0,001
16	—	—	—	—	Kurhessen-Thüringen	—
17	—	—	—	—	Baden-Großhth. Hessen	—
18	—	—	—	—	Nassau	—

4. Andere Materialwaaren, pos. 25ª, c—u, w.		9. Alle übrigen Verzollungen.		10. Summa aller Verzollungen.	
rankfurt	5,167	ankfurt	0,978	Frankfurt	10,765
annover-Oldenburg	0,432	nnover-Oldenburg	0,154	Sachsen-Braunschweig	1,177
achsen	0,406	chsen-Braunschweig	0,114	Hannover-Oldenburg	1,142
—	—	ußen-Luxemburg	0,093	—	—
—	—	—	—	—	—
—	0,322	—	0,091	—	0,792

Anlage D.

Uebersicht

der

Verzollungen im Jahre 1860

nach

der muthmaßlichen Consumtion

zwischen

bem Norden und dem Süden

sowie

zwischen den acht einzelnen Gruppen

vertheilt.

Laufende Nr.	1.	2. Der ganze Verein.	Eingangs-Zoll			
			3. Preußen und Luxemburg.	4. Sachsen und Braunschweig.	5. Hannover und Oldenburg.	6. Kurhessen und Thüringen.
		Durchschnittsbetrag auf den				
1.	Gewebe	2447	—	—	—	—
2.	Rohzucker	394	—	—	—	—
3.	Summa	2841	1549	201	178	148
4.	Blättertabak	2343	—	—	—	—
5.	Getreide, Vieh ꝛc. (Ziffer 12 in Anl. B) .	2111	—	—	—	—
6.	Summa	4454	2703	351	311	258
7.	Wein in Fässern	1114	704	91	162	67
8.	Alle übrigen Verzollungen	15076	9078	1497	1394	454
9.	Summa	23485	14034	2140	2045	927
		—	0,765	0,903	0,971	0,533
10.	Nach der Erhebung (Anl. B)	23485	13527	2792	2400	653
		0,700	0,739	1,177	1,142	0,374
11.	GegenZeile 9 { minus	—	507	—	—	274
		—	0,026	—	—	0,159
12.	{ plus	—	—	652	355	—
		—	—	0,274	0,171	—
13.	Nach der Bevölkerung (Anl. B) . .	—	12812	1660	1472	1221
		—	0,700	0,700	0,700	0,700
14.	GegenZeile 9 { minus	—	1222	480	573	—
		—	0,065	0,203	0,271	—
15.	{ plus	—	—	—	—	294
		—	—	—	—	0,169
16.	Bevölkerung millo Köpfe	33543	18299	2372	2102	1744

in mille Thalern.

7. Summa im Norden.	8. Bayern und Würtemberg.	9. Baden und Großherzogthum Hessen.	10. Nassau.	11. Frankfurt.	12. Summa im Süden.	Bemerkungen.
Kopf der Bevölkerung in Thalern.						
—	—	—	—	—	—	
—	—	—	—	—	—	
2076	535	186	37	7	765	Die Gesammterhebung nach der Bevölkerung im ganzen Vereine vertheilt.
—	182	205	21	30	438	Im Süden nach der Erhebung jeder Gruppe.
—	202	124	5	62	393	
3623	—	—	—	—	—	Im Norden n. d. Bevölkerung.
1024	42	25	3	20	90	Im Süden nach der Erhebung, im Norden nach der Bevölkerung, die Hannoverisch-Oldenburgische doppelt gerechnet, vertheilt.
12423	1080	974	55	544	2653	Im ganzen Vereine nach der Erhebung vertheilt.
19146	2041	1514	121	663	4339	
0,781	0,323	0,686	0,277	8,185	0,480	
19372	1705	1449	87	872	4113	
0,792	0,270	0,659	0,199	10,765	0,456	
—	336	65	34	—	226	
—	0,053	0,027	0,078	—	0,024	
226	—	—	—	209	—	
0,011	—	—	—	2,580	—	
17165	4419	1538	306	57	6320	
0,700	0,700	0,700	0,700	0,700	0,700	
1981	—	—	—	606	—	
0,081	—	—	—	7,485	—	
—	2378	24	185	—	1981	
—	0,377	0,014	0,423	—	0,220	
24517	6312	2197	436	81	9026	